Parc

Sioe anifeiliaid heddiw 3pm

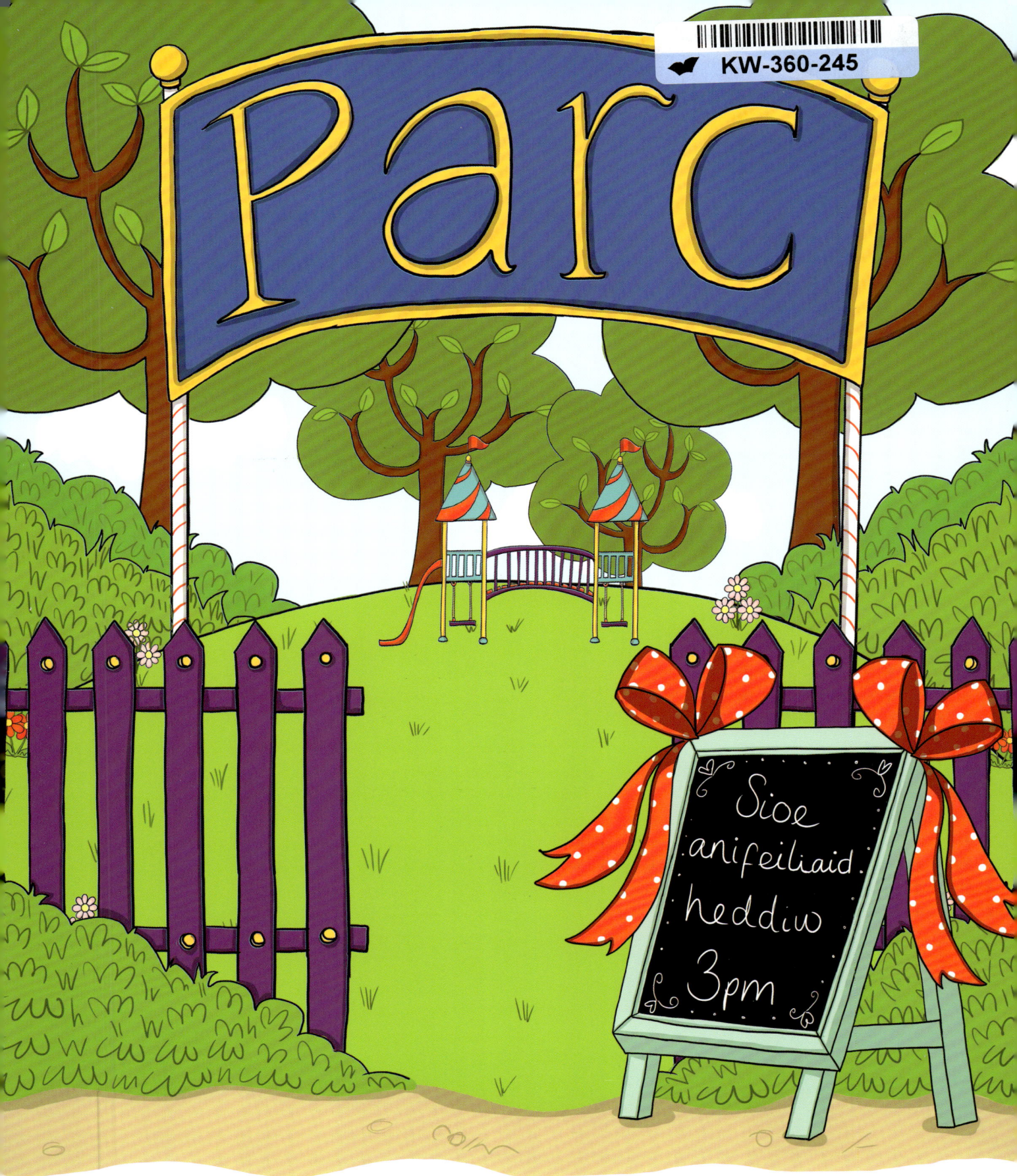

Mae heddiw'n ddiwrnod cyffrous iawn.
Mae rhai o'r rhifau yn cystadlu yn y
sioe anifeiliaid anwes!

Yn gyntaf, mae'n rhaid i bawb ddod â'u hanifeiliaid anwes i'r parc. Mae pawb wedi dod â dau anifail yr un. Sara Sero fydd y beirniad.

Mae cylch arbennig wedi ei osod yn y parc ar gyfer y sioe. Alun Un yw'r cyntaf i gyrraedd. Mae o wedi dod â'i ddau gi. Mae un yn frown a'r llall yn wyn. Cŵn bach bywiog ydyn nhw!

Dyma nhw'n siglo cynffon yn hapus.
Un, dwy gynffon! Mae Alun yn teimlo'n
gyffrous.

Mae Twm Tri wedi cyrraedd y parc.

Beth sydd ganddo? Dau barot lliwgar.

Sawl anifail sydd yma nawr? Dau gi a
dau barot - pedwar!

Dyma Poli Pump yn dod yn cario bocs.
Beth sydd ynddo? Edrychwch, dau
fochyn cwta swil. O, am rai bach del!
Mae dau, pedwar, chwe anifail yma
nawr.

Pwy sy'n cyrraedd nesaf? Wel, Sami Saith! Mae ei anifeiliaid anwes yn cerdded yn araf ar y llawr. Allwch chi weld y ddau grwban yn cropian?

Pwy yw'r olaf i gyrraedd? Nia Naw wrth gwrs! Ac edrychwch beth sydd ganddi! Dau bysgodyn aur yn nofio'n braf.

Mae'r anifeiliaid i gyd wedi dod yn eu parau. Dau, pedwar, chwech, wyth, deg! Mae'r rhifau i gyd yn aros i'r sioe ddechrau. A dyma'r beirniad! Hwrê! Ond pwy fydd yn ennill?

Mae Sara Sero yn edrych yn ofalus ar yr anifeiliaid. Mae hi'n meddwl yn ofalus ac yn ysgrifennu nodiadau. Yna mae Sara Sero yn gweiddi – "Mae pawb yn ennill gwobr." Mae pob anifail yn cael rhuban.

Mae'r rhifau i gyd wrth eu boddau gyda'r rhubanau. Faint o rubanau sydd i gyd? Dau, pedwar, chwech, wyth, deg.

Ydych chi'n gallu cyfri fesul dau? Edrychwch am bethau sy'n dod fesul dau.